मेरे हिस्से की चाँदनी

(कविता संग्रह)

वाणी प्रकाशन

नयी दिल्ली-110002

फोन : 3275710, 3273167 फैक्स : 3275710

e-mail : vani_prakashan@yahoo.com

vani_prakashan@mantraonline.com

मेरे हिस्से की चाँदनी

डॉ. सुमन जैन

ISBN 81-7055-963-4

वाणी प्रकाशन
21-ए, दरियागंज, नयी दिल्ली-110002
द्वारा प्रकाशित

प्रथम संस्करण : 2002

मूल्य : 100.00

शुभम ऑफ़सेट, दिल्ली-110032
द्वारा मुद्रित

MERE HISSEA KI CHANDANI (Poetry)
by Dr. Suman Jain

अनुक्रम

ग़ज़ल

गीत

मुक्त छन्द

मुक्तक

भूमिका

'मेरे हिस्से की चाँदनी' डॉ. सुमन जैन के मुक्तकों, गीतों और ग़ज़लों का संग्रह है। सुमन जैन मेरी छात्रा भी रह चुकी हैं और आगे चलकर मेरे विभाग में सहयोगी प्राध्यापिका भी। प्रस्तुत संग्रह की अनेक रचनाएँ काव्य गोष्ठियों और कवि सम्मेलनों में उनसे सुन चुका हूँ। उन रचनाओं का प्रकाशित रूप देखकर मुझे बड़ी प्रसन्नता हो रही है। सन्तोष की बात यह है कि कविकर्म के उत्तरदायित्वों को उन्होंने अच्छी तरह निभाया है, जबकि निरंकुश होने के अधिकार का दुरुपयोग करने की प्रवृत्ति आजकल कवियों में ज़ोरों पर है। युगीन प्रभाव के कारण आज की कविता में जो विविधता आ गई है, उसका अतिरेक ऐसी कविताओं में दिखाई देता है, जिन्हें कविता कहने का कोई आधार नहीं मिलता। ऐसी स्थिति में साफ-सुथरी, रसपूर्ण और प्रौढ़ कविताओं का यह संग्रह लेखिका की परम उपलब्धि के साथ-साथ पाठकों और श्रोताओं के लिए सुखद अनुभव भी है।

कविता 'यह बताओ और कितनी दूर सपनों का नगर है?' बड़ी सामयिक रचना है। आज़ादी की आधी सदी बीत जाने के बाद जन-जन के अन्तर्मन से उठती हुई पुकार इस प्रश्न में साकार हो गयी है। पंक्तियाँ देखिये—

आज भागीरथी तट पर
अनगिनत नकली भगीरथ ताक में हैं—
एक मौका मिले
गंगा बेच डालें,
बस चले तो खुद
तिरंगा बेच डालें।

सुमनजी की कविताओं में नारी जीवन की विडम्बनाओं की मार्मिक अभिव्यक्ति हुई है। यह अभिव्यक्ति एक नारी रचनाकार का पूर्वाग्रह न होकर मर्मस्पर्शी चित्रण बन गया है। उनकी अहल्या आद्यन्त इसका उदाहरण है।

दिया वरदान भी ऋषि ने
तुम्हें अभिशाप जैसा ही—
कभी जब राम आएंगे
पुरुष की ठोकरों से ही

मिलेगी चेतना तुमको।
पुरुष की ठोकरों में ही नियति उसकी।
न कोई अन्य गति उसकी।

यह पीड़ा उनकी कई अन्य रचनाओं का रूप ले चुकी है। कुछ पंक्तियाँ द्रष्टव्य हैं–

द्रौपदियों का अब कहना है–
'जो दुःशासन का नहीं कर रहे हैं विरोध
होकर तटस्थ जो देख रहे हैं चीरहरण
वे भी कुछ-कुछ दुःशासन हैं।

वे सीताएँ
अपने घर में रहकर भी जो निर्वासित हैं
जिनकी अशोक वाटिका स्वयं आँगन जिनका
जिनको रावण से नहीं
राम से ही भय है
वे पूछ रहीं समवेत स्वरों में एक प्रश्न–
'पुरुषों की अग्निपरीक्षा आख़िर कब होगी?'

उद्धरण की इन पंक्तियों से स्पष्ट है कि इन रचनाओं का सृजन अनुभूति की गहराइयों से ही सम्भव है। एक नारी ही इन अनुभूतियों को वाणी दे सकती थी।

अनेक कविताओं की अनेक पंक्तियाँ युगबोध का संकेत दे रही हैं।

कितनी भूखी दौड़ मची है, प्यासा दीख रहा हर बादल।
सागर के खारे जल के पीछे है पागल गंगा का जल।

हुआ सबेरा तो रोज़ अखबार लेके आया नया अँधेरा,
कभी तो कोई ख़बर हो ऐसी कि जिससे दिल को क़रार आए।

जहाँ सबका न स्वागत हो, वो पूजाघर नहीं मेरा–
वो मन्दिर जिसमें अब तक हैं नहीं ख़ुद देवता पहुँचे।

घर की नज़रों से गिर गई जब से
अब वो कोठों पे दिखा करती है।

फूल खिलते हैं कब्रगाहों में
हार कब ज़िन्दगी ने मानी है?

और अब कुछ शाश्वत सत्य, शाश्वत यथार्थ, कुछ घर-घर की कहानी, कुछ मधुर पीड़ाएँ जो प्रत्येक युग की अपनी सम्पत्ति होती हैं, जिसके दर्पण में हमारा

वैयक्तिक मन प्रतिबिम्बित होता रहता है, जो अन्तर की बात है।

बोझ है दया, कर्ज़ है यह कृपा
बन सके तो मुझे एक कण प्यार दो।

अगले जनम में मिलने की बातें फिजूल हैं
आँसू न कभी आँख में लौटा है दुबारा।

कोई रोता है गा-गाकर, मन ही मन रोता है कोई
तुमने ही चोट नहीं खाई, जन-जन की यह मजबूरी है।

ये जुल्फें खुली थीं कि तुम इनसे खेलो
बलाएँ मेरे सर की सर अपने ले लो।

मेरे पाँव में दिख रही है जो लाली
लहू है लहू, वह महावर नहीं है।

कागज़ कलम, सियाही; ये सामान नहीं कविता लिखते हैं।
मन गीला करनेवाले अंगार नहीं बाहर दिखते हैं।

सहृदयों के लिए आज भी 'रसात्मक वाक्य' ही काव्य है। आज की वे सारी कविताएँ जो घृणा, विद्वेष, दुराग्रह से पोषित हैं, निन्दारस पर आधारित हैं। प्रगति के भीतर भी कुछ न कुछ पारम्परिक रहता ही है। परिवर्तन की भी परम्पराएँ होती हैं। भाषा के मँजाव के लिए और मुहावरों को चलन में ढलने के लिए भी एक अवधि चाहिए, इसलिए कवि का धर्म हो जाता है कि वह अपने पूर्ववर्ती काव्य की उपलब्धियों का आदर करे।

इसी तरह छन्द-रचना और गीत-सृष्टि भी एक शिल्प है, कौशल है, जो कविता की ग्राह्यता को कलात्मक उत्कृष्टता प्रदान करता है। 'प्रतिभा', 'व्युत्पत्ति' और 'अभ्यास' आज भी सार्थक शब्द हैं—यदि संगीत और नृत्य रियाज़ के मुखापेक्षी हो सकते हैं, तो कविता के लिए अभ्यास का महत्त्व कैसे नकारा जा सकता है। हिन्दी की ही एक शैली उर्दू कविता में तो अभी कल तक संगीत की तरह ही काव्य-रचना के क्षेत्र में भी गुरु-शिष्य परम्परा चल रही थी, जिसकी देन से इनकार नहीं किया जा सकता। प्रस्तुत रचनाकार के प्रथम काव्य-संग्रह में जो शिल्पगत प्रौढ़ता मिलती है, वह साधना का ही फल हो सकती है।

इस संग्रह की कविताओं में छन्दों की शास्त्रीयता का जो निर्वाह हुआ है, वह अन्य कवियों के लिए अनुकरणीय है। माँ सरस्वती की हर संतान को, यदि वह कविकर्म से जुड़ी है—तो उसे तथाकथित बंधनों से उत्पन्न सौन्दर्य की पहचान होनी चाहिए।

'मेरे हिस्से की चाँदनी' जैसे शीर्षक बहुत कुछ कह जाते हैं...विश्व में

सबकी अपनी उपलब्धियाँ और सीमाएँ होती हैं...अपने निजी दुःख-सुख होते हैं... और उनकी अभिव्यक्ति होती है, जो अपनी जगह अद्वितीय होती है...उनकी निजता ही उनका सौभाग्य है। यह बूँद को सागर में खो जाने से बचाए रखती है—**'मेरे हिस्से की चाँदनी'** इसी लघु अस्तित्व के स्वतंत्र्य की घोषणा है...

संग्रह का एक सशक्त पक्ष यह भी है कि इसकी अनेक पंक्तियाँ उद्धरणीय हैं, जो लेखिका का अनुभव होने के साथ-साथ हर पाठक का भोगा हुआ यथार्थ बन जाती हैं; जैसे—

विश्वासों की मृगतृष्णा ने एक तुम्हीं को नहीं छला है,
गला काटने जो भी आया है, पहले वह गले मिला है।

सड़कों को काटती हुई सड़कें, चौराहे ही चौराहे।
भटकावों से बचें कहाँ तक, कोई कब तक साथ निबाहे?

'मेरे हिस्से की चाँदनी' की कविताओं को सरसरी निगाह से नहीं, बल्कि मैंने ध्यान से पढ़ा है, क्योंकि उनमें पठनीयता है। आज जब समृद्ध मुक्तक, प्रगति, गीत और ग़ज़लों का अकाल-सा पड़ गया है—एक नवोदित कवयित्री का यह पहला प्रयास अभिनंदनीय है, और मैं चाहूँगा काव्य-मर्मज्ञ इसका रसस्वादन करें। ऐसी रचनाओं का प्रचार, प्रसार, आदर और सत्कार हो तथा काव्य-लेखन के क्षेत्र में प्रयासशील युवक-कवि इनसे कुछ सीखें।

'मेरे हिस्से की चाँदनी' द्वारा हिन्दी काव्य जगत् को जो समृद्धि मिली है, उसके लिए सुमनजी को साधुवाद।

नन्दलाल पाठक

आभार

स्वर्गीय पिताजी की छाया में बचपन से ही कविता के प्रति मैं आकर्षित रही हूँ। उस संस्कार ने धीरे-धीरे मुझे कविता लिखने की प्रेरणा प्रदान की। जब मित्रों ने, आत्मीय जनों ने, कविताएँ पसंद कीं, तो और उत्साह बढ़ा। होते-होते इतनी रचनाएँ हो गईं कि इन्हें संगृहीत करके आपके समक्ष रख सकूँ।

इन कविताओं की यही विशेषता है कि इन्हें लिखने में मुझे आनन्द मिला है और इसी आधार पर मैं इन्हें आपके सम्मुख प्रस्तुत कर रही हूँ।

शिक्षा-क्षेत्र में काम करने का यह लाभ अवश्य रहा है कि काव्यशास्त्रीय दृष्टि से मैंने अपनी रचनाओं को अनुशासित रखा।

इस काव्य-यात्रा में स्वर्गीय पंडित नरेन्द्र शर्मा, श्रद्धेय गुरुवर प्रोफेसर नंदलाल पाठक एवं परम आदरणीय डॉ. सुधाकर मिश्र से जो प्रोत्साहन मुझे मिला, वह मेरे लिए अत्यधिक मूल्यवान वस्तु है।

सब कुछ होने के पश्चात् भी यदि मेरे पतिदेव श्री नरेन्द्र जैन का स्नेह-सिक्त सहयोग न होता तो ये रचनाएँ अलिखित ही रह गयी होतीं।

मैं आभारी हूँ उन सबके प्रति जिन्होंने प्रत्यक्ष अथवा परोक्ष रूप से इस संग्रह के सृजन में अपना सहयोग दिया।

मेरी काव्यात्मक मान्यताएँ

प्रस्तुत काव्य-संग्रह में मैंने अपने मुक्तक, गीत, ग़ज़ल एवं मुक्त छंद आदि संकलित किए हैं। इन विधाओं के सम्बन्ध में मेरी अपनी जो मान्यताएँ हैं, ये रचनाएँ उन्हीं पर आधारित हैं।

इस काव्य-संग्रह में संकलित रचनाओं का मूल्यांकन यदि मेरे पाठक, मेरे समालोचक मेरी काव्यात्मक मान्यताओं को ध्यान में रखकर करें, तो मेरे प्रति अन्याय नहीं होगा। इसलिए इन विधाओं का रूपात्मक विवेचन भी मैं प्रारंभ में प्रस्तुत कर रही हूँ।

मुक्तक

वैज्ञानिक एवं तकनीकी विकास के साथ जैसे-जैसे हर क्षेत्र में गति में तीव्रता आयी है, वैसे-वैसे प्रबंधात्मकता से काव्य-साहित्य विमुख होता गया है...चूँकि कविता जीवन की शाश्वत आवश्यकता है, इसलिए कविता ने भी नयी चुनौतियों को स्वीकार किया है, उसमें अभिव्यक्ति की संक्षिप्तता आयी है। काव्य के सारे तत्त्वों की रक्षा करते हुए दो-चार पंक्तियों में बात कह जाना समकालीन आवश्यकता है, इसलिए हम कह सकते हैं कि काव्य की विधा कोई भी हो, वह मुक्तक से अवश्य प्रभावित है। इसलिए सारे संसार की कविताओं में मुक्तक की लोकप्रियता बढ़ती जा रही है।

छंद, रूप और शैली की दृष्टि से भी मुक्तकों के अनेक प्रकार हो गए हैं–बीसवीं सदी की हिन्दी कविता के युग-प्रवर्तक कवि सुमित्रानंदन पंत तक ने प्रबंधात्मक काव्य नहीं लिखा–उनकी कविताएँ 'बड़े मुक्तक' ही कही जा सकती हैं।

प्रचार और प्रसार के माध्यमों ने भी मुक्तकों को बहुत आश्रय दिया है...रेडियो और टेलिवीज़न पर प्रबंध-काव्य की सफल प्रस्तुति सम्भव ही नहीं है। इसलिए इन माध्यमों से बहुत से मुक्तक श्रोताओं तक पहुँचे।

मुक्तक वर्णनात्मक, भावनात्मक, विचारात्मक और आलोचनात्मक भी हो सकते हैं–आलोचनात्मक इसलिए कि आज की कविता में आलोचना का स्वर बहुत ही मुखर है–संप्रेषण के माध्यमों में विविध रूप से इतने विकास हुए हैं कि मुक्तकों की उपयोगिता संक्षिप्तता के कारण बढ़ गई है...रचनाकार के व्यक्तिगत की छाप अच्छे मुक्तक में स्पष्ट पहचानी जा सकती है। अब छंद में लिखा तो जा रहा है, किंतु छंदों के नाम से कवि और पाठक दोनों अपरिचित होते जा रहे हैं। इसलिए

मुक्तकों में छंदात्मक विविधता की अधिकता होते हुए भी उनके छंदों का नामकरण अब नहीं होता जैसा कि रीतिकाल या मध्यकाल में हुआ करता था। मुक्तक पूरी तरह आधुनिक युग में प्रवेश कर चुके हैं।

गीत

मानव-मन की काव्यात्मक अभिव्यक्ति का सर्वश्रेष्ठ साधन गीत है। विश्व की अधिकांश उत्तम कविता गीतात्मक है। गीत का सम्बन्ध राग और अनुराग दोनों से है। गीतात्मकता का उपयोग प्रबन्ध और मुक्तक दोनों प्रकार की कविता के लिए किया गया है। बीसवीं सदी की हिन्दी कविता में काव्य के अन्य प्रकारों की तुलना में प्रगीत मुक्तक अधिक लोकप्रिय हुए। संप्रेषण के नवीन माध्यमों ने भी इन्हें अपनाया। गीत का प्राण है—गेयता। वह लोकगीत हो या साहित्यिक गीत पूरे गीत में विभिन्न बिम्बों द्वारा एक ही भाव का पल्लवन होता है। गीत की यह सबसे बड़ी विशेषता भी है और उसकी सीमा भी।

ग़ज़ल

हिन्दी काव्य एवं उसकी भाषा पर युगानुरूप बाह्य प्रभाव भी पड़ते रहे हैं—उर्दू, फारसी कविता ने हिन्दी गीति-काव्य के अन्तर्गत ग़ज़ल को अपनी जगह बनाने की प्रेरणा दी है। हिन्दी गीति-कविता को जब और अधिक संक्षिप्त करने की आवश्यकता पड़ी, तो वह ग़ज़ल के शेरों की ओर मुड़ गयी। यही कारण है कि हिन्दी में लिखी गयी अधिकांश ग़ज़लें एक ओर तो उर्दू काव्य से प्रेरित प्रतीत होती हैं तो दूसरी ओर हिन्दी गीति-काव्य का विकास भी।

संप्रेषण के आधुनिक माध्यमों ने भी ग़ज़ल को अपनाया है और यह जनसाधारण से लेकर बौद्धिक वर्ग तक में लोकप्रिय होती जा रही है। ग़ज़ल की लोकप्रियता का एक महत्त्वपूर्ण कारण संगीत एवं काव्य की संधि भी है।

विश्व-साहित्य में काव्य की अनेक विधाएँ देश-देशांतरों की यात्रा करती रही हैं। ग़ज़ल को अपनाकर हिन्दी कविता ने समृद्धि पायी है। भविष्य में हिन्दी ग़ज़ल से और भी आशाएँ की जा सकती हैं।

मुक्त-छंद

मुक्त-छंद एक ऐसा छंद है, जो मुक्त होते हुए भी एक प्रकार की छंद व्यवस्था से नियंत्रित रहता है। वह व्यवस्था है—उसकी लयात्मकता। लयात्मकता का प्रवाह पाठक को अपने साथ ले चलता है। यति का बंधन यहाँ भी रहता है किन्तु तुकों का क्रम नहीं लगाना पड़ता। मात्राओं की संख्या की दृष्टि से भी पंक्तियाँ वस्तुतत्व की आवश्यकता के अनुसार छोटी-बड़ी हो सकती हैं। मुक्त-छंद में रचना करने का सर्वोत्तम लाभ यही है कि शुद्ध कविता प्रस्तुत की जा सकती है। उसकी बाह्य साज-सज्जा पर ध्यान नहीं देना पड़ता। भरती के शब्दों के लिए मुक्त छन्द में कोई स्थान नहीं। मिलावट के लिए कोई जगह नहीं।

ग़ज़ल

पीर का क्या है उठा करती है।
पीर खुद दवा हुआ करती है।

ठोकरें खाए बिना चैन कहाँ,
चेतना लाख मना करती है।

एक तस्वीर इन्द्रधनुष जैस,
मन का आकाश छुआ करती है।

मन है मन्दिर किसी की यादों का,
जोत दिन-रात जला करती है।

घर की नज़रों में गिर गई जब से,
अब वो कोठों पे दिखा करती है।

यह है दौर जिसमें सबकी अपनी व्यथा बड़ी है।
किसी और की भी सोचे, ये किसी को क्या पड़ी है।

मुझे छोड़कर अकेले थे जहाँ से मुड़ गए तुम,
मेरी ज़िन्दगी अभी तक उसी मोड़ पर खड़ी है।

जो तुम्हारा साथ होता तो ये ज़ख़्म फूल बनते,
मेरा रास्ता है मुश्किल, ज़रा धूप भी कड़ी है।

कोई स्वप्न ही नहीं जो, न हो आँसुओं से गीला,
यह जो प्यार का है बंधन, यह अजीब हथकड़ी है।

मेरी चाह धीरे-धीरे मेरी आह बन गई है,
मेरी साधना है छोटी, मेरी कामना बड़ी है।

अकिंचन धूल हूँ, मुझको उठा लो।
तिलक हूँ मैं, अगर माथे लगा लो।

लबालब भर दिया है स्नेह देकर।
दिया हूँ, राह में अपनी जला लो।

तुम्हें आँचल की छाया दे सकूँ मैं,
दहकती धूप से मुझको बचा लो।

सहारा चाहिए मुझको तुम्हारा,
मेरा लो हाथ, अपने को सम्भालो।

ये आँसू भेद मन का खोल देंगे,
कहा है, इनको घर से मत निकालो।

न खाओगे कभी खुद की क़सम तुम,
मेरी खातिर यही सौगंध खा लो।

मेरी आँचल उठेगा पाल बनकर,
भँवर से नाव को बाहर निकालो।

भरोसा, आस्था, उत्साह, धीरज,
सफर में साथ इनको भी बुला लो।

खून का ज्वार है, रवानी है।
इक नया बचपना जवानी है।

चाहे जिसकी भी ज़िन्दगानी है,
एक जैसी सभी कहानी है।

सबके भगवान हैं कहीं नभ में,
सबकी उम्मीद आसमानी है।

मौत का डर उसे नहीं लगता,
जिसको अपनी चिता सजानी है।

कौन सुनता है दर्द औरों का,
सबको अपनी कथा सुनानी है।

साँस लेने की छूट दे दी है,
मेरे सरकार, मेहरबान है।

फूल खिलते हैं कब्रगाहों में,
हार कब जिदंगी ने मानी है।

एक बियाबान ही सही लेकिन,
फिर भी दुनिया तो एक बसानी है।

तुम्हें देखती ही रहूँ, कुछ न बोलूँ,
निहारा करूँ बस हिलूँ या न डोलूँ।

मेरे पास है आँसूओं का खज़ाना।
तुम्हारे लिए एक माला पिरो लूँ।

कोई तो करिश्मा हो इस ज़िंदगी में।
तुम्हारी हो दस्तक तो मैं द्वार खोलूँ।

मैं धरती हूँ पैरों तले जी रही हूँ।
तुम्हारे क़दम छू के आकाश हो लूँ।

ये सपना बिखर जाएगा जागते ही।
ज़रा और देखूँ, ज़रा और सो लूँ।

प्यार ऐसा दर्द है, जिससे बड़ा मरहम नहीं।
प्यार जो करते हैं, वे करते कभी मातम नहीं।

तेरी बाँहों का सहारा चाहिए ही चाहिए।
अपने पैरों पर खड़े होने का अब तो दम नहीं।

डूब जाऊँ मैं भले ही आँसुओं की बाढ़ में।
तू हँसे हँसता रहे, पलकें तेरी हों नम नहीं।

शर्त है दुनिया के हर ग़म से रहे आज़ाद तू।
ग़म हमें दुनिया के सब मिल जाएँ तो भी ग़म नहीं।

मेरे-तेरे बीच दुनिया आ नहीं सकती कभी।
काम बस तुझसे है, मुझको चाहिए आलम नहीं।

एक मौक़ा ज़िंदगी दे दे हमें बस एक बार।
तुझपे हो जाएँ निछावर, हम रहें बस हम नहीं।

पल भर को क्या चमक उठा किस्मत का सितारा,
अपने को आफताब समझ बैठा शरारा।

क्यों लूट ली सबने मेरे हिस्से की चाँदनी?
जब मैंने भी था धूप में दिन अपना गुज़ारा।

दिल है कि आँख मूँद के बढ़ता चला गया,
रुकने का किया अक्ल ने सौ बार इशारा।

अगले जन्म में मिलने की बातें फिजूल हैं,
आँसू न कभी आँख में लौटा है दुबारा।

तदबीर से जिसको कोई उम्मीद नहीं हो,
कहते हैं उसी शख्स को तकदीर का मारा।

तूफान को, लहरों को, भँवर की खबर करो,
देखें, मुझे कब तक नहीं मिलता है किनारा।

नज़रों में वही, मेरे ख़्यालों में वही है,
गज़लों में मेरी एक उसी का है नजारा।

जीवन भर साथ नहीं देता, बचपन की यह मजबूरी है,
साँसों की है अनजान डगर, जीवन की यह मजबूरी है।

जिन हाथों से काटा जाता, जो हाथ जलाते हैं उसको,
उनको भी खुशबू देता है, चंदन की यह मजबूरी है।

साँपों को विष ही प्यारा है, अमृत से क्या लेना-देना,
सज्जन को भी पीड़ा देगा, दुर्जन की यह मजबूरी है।

जलकर हो जाता राख अगर, तो वह सुवर्ण क्यों कहलाता,
तप-तपकर और निखरता है, कुंदन की यह मजबूरी है।

अमृत की रक्षा करनी है, तो शिव जैसा विषपान करो,
जीवन है एक महासागर, मंथन की यह मजबूरी है।

स्वाती को है संतोष यही, चातक की प्यास बुझा दी है,
सारी दुनिया की प्यास बुझे, सावन की यह मजबूरी है।

चाहे टुकड़े-टुकड़े कर दो, निष्पाप रहेगा मन फिर भी,
गूँगा दर्पण सच बोलेगा, दर्पण की यह मजबूरी है।

कोई रोता है गा-गाकर, मन ही मन रोता है कोई,
तुमने ही चोट नहीं खाई, जन-जन की यह मजबूरी है।

बीन है मौन इसको नये तार दो
तार को प्यार से एक झंकार दो।

मेरा होना न होना सभी एक है–
मोम हूँ, तुम मुझे एक आकार दो।

बोझ है यह दया, कर्ज है यह कृपा–
बन सके तो मुझे एक कण प्यार दो।

एक पल के लिए ही मिलो तो सही–
देश को, काल को और विस्तार दो !

देने वाले ये क्या ज़िंदगी दी मुझे–
इतने काँटे दिए, फूल दो-चार दो !

मेरी जलती चिता सेज बन जाएगी–
तुम अगर अपने हाथों से अंगार दो !

ज़िंदगी क्या है शहर की, जो शहर से आए।
उनको देखो तो ये लगता है, समर से आए।

आदमी शहर में अब दूर से डस लेते है।
भागकर वन में हम इंसान के डर से आए।

लाश जनतंत्र की है, गिद्ध हैं पहचाने हुए।
जो इधर से तो कभी उधर से आए।

किसको मालूम था डूबेंगे किनारे आकर।
जो बड़ी शान से थे बीच भँवर से आए।

इतना गहरा तो अँधेरा न कभी था देखा।
रोशनी कोई तुम्हारी ही नज़र आए।

थोड़ा-सा अपनापन देकर अपने पर विश्वास मुझे दो,
फूँक दिया अपना घर मैंने, अब तो तनिक प्रकाश मुझे दो।

क़ैद लगानी थी उड़ने पर तो फिर मन को पंख दिये क्यों,
या तो पिंजड़े में रहने दो या पूरा आकाश मुझे दो।

प्यासे कंठों के ही बस में है पानी का स्वाद बताना,
मुझको जल तक ले आए तो मेरी जलती प्यास मुझे दो।

आँखों की शोभा हैं आँसू, अधरों का श्रृंगार हँसी है,
दोनों ही पथ के साथी हैं, चलने का अभ्यास मुझे दो।

जितनी लम्बी-चौड़ी दुनिया है, उतना ही सूनापन है,
अपने मन के कोने में ही नन्हा-सा आवास मुझे दो।

अब और कब तक चलेगा पतझर, बहुत हुआ बस बहार आए।
हमें तो मतलब बहार से है, यह उसका मन जिस प्रकार आए।

हमारा दिल जानता है कैसे हम इतने पतझर गुज़ार आए।
बहार आने के आए वादे, कभी तो सचमुच बहार आए।

कुसूर अपना था सिर्फ इतना, हमारी आँखों ने स्वप्न देखे।
कुँवारी साधों के हाथ पीले हों, कोई तो घुड़सवार आए।

हुआ सवेरा तो रोज़ अखबार लेके आया नया अँधेरा।
कभी तो कोई ख़बर हो ऐसी कि जिससे दिल को क़रार आए।

मिठास जीवन से खो गयी है, बड़े दिलों वाले अब कहाँ हैं?
मिज़ाज जिनको मिला हो ग़ालिब का, जिनको गुस्से पे प्यार आए।

यह हाल है बीसवीं सदी में, न जाने इक्कीसवीं में क्या हो?
घुटन है वातावरण में कितनी, कहीं से ठंडी बयार आए।

भटक गए रहनुमा हमारे, खुदा सही रास्ता उन्हें दे।
बचाने वालों से बच सकें हम, सुधारकों में सुधार आए।

सवार सर पर तनाव कितने, निराश नज़रें, उदास शक्लें,
निखार हो जिसकी तूलिका में, कोई कुशल चित्रकार आए।

किसी केदिल का है क्या ठिकाना, हवाओं के रुख का क्या भरोसा?
न आए जब तुम तो मेरे मन में, न जाने क्या-क्या विचार आए।

क्या ख़बर थी एक दिन तू बेख़बर हो जाएगा,
तू नहीं आएगा तो सूना नगर हो जाएगा।

तुझको जब देखा तो आँखों को बहुत अच्छा लगा,
यह नहीं मालूम था दिल पर असर हो जाएगा।

ज़िन्दगी की राह में आसानियाँ क्या ढूँढना,
ज़िन्दगी का और भी मुश्किल सफ़र हो जाएगा।

मौत के डर से अधिक डर ज़िन्दगी देने लगी,
मैं तो क्या, ऐसे में कोई भी निडर हो जाएगा।

देखकर वीरानियाँ, ऐ दिल मेरे मत हो उदास,
बीतने दो वक्त वीराना ही घर हो जाएगा।

मेरे मन क्यों अपनी ज़िद पर अड़ता है।
अपनी ज़िद पर अड़ जाना तो जड़ता है।

मन पर कुछ तो काबू हो, ऐसा भी क्या?
जब सुन्दरता देखी, प्यार उमड़ता है।

मन ही मन क्यों दुनिया भर से लड़ता है?
दुनिया का तो कुछ भी नहीं बिगड़ता है।

इससे तो बेहतर है हँसते-हँसते जी,
रोते-रोते भी तो जीना पड़ता है।

हार गया तू मन पर तेरा ज़ोर नहीं,
इसीलिए तो सारे जग से लड़ता है।

खोए रहे स्वयं में, आधी सदी बिता दी।
यह देश मर रहा था, फिर भी नहीं दवा दी।

जब बेड़ियाँ खुली थीं, वह रात ढल रही थी।
अब तक नहीं मिली क्यों, लेकिन झलक उषा की।

सदियाँ गुज़ारकर हम जिस नींद से थे जागे।
फिर सो गए उसी में, ऐसी सुरा पिला दी।

हम पूजते रहे हैं, तसवीर अपनी-अपनी।
माला जो हाथ आई, खुद को वही पिन्हा दी।

वे स्वप्न, वे इरादे, वे मंजिलों की क़समें।
जैसे न कुछ हुआ हो, हर बात ही भुला दी।

परिन्दे अपने-अपने आशियानों तक हैं जा पहुँचे।
अगर सूरज ढले घर नहीं पहुँचे तो क्या पहुँचे।

दिया जो द्वार पर है उसको सारी रात जलना है,
न जाने कब थका-हारा कोई भटका हुआ पहुँचे।

जहाँ सबका न स्वागत हो वो पूजाघर नहीं मेरा,
वो मंदिर जिसमें अब तक हैं नहीं खुद देवता पहुँचे।

निमंत्रण है तुम्हें भी आँसुओं की धार में बह लो,
रुलाकर जो गई मुझको, वो तुम तक भी घटा पहुँचे।

मेरे किस काम आई ज़िन्दगी मेरी, तुम्हीं ले लो,
किसी को तो मेरी नाकामियों से फायदा पहुँचे।

न तो वह पूजाघरों में है, न वह बैठा गगन पर है,
कभी तो झाँक भीतर उसका आसन तेरे मन पर है।

कली हो, फूल हों, काँटें हों, सबकी एक क़िस्मत है,
चमन वालो जो ख़तरा अब है, वह पूरे चमन पर है।

नरक हो, स्वर्ग हो दुनिया, मैं इस दुनिया पे मरती हूँ,
नहीं आपत्ति कोई भी मुझे आवागमन पर है।

झुलसती भूमि से हैं फूटते अब भी नये अंकुर,
मुझे पूरा भरोसा नारा से उपजे सृजन पर है।

फकीरी की नहीं है शान कम कुछ भी अमीरी से,
यह राजा अपने मन का, राज उसका सिफ धन पर है।

वो पल भर को ही आ जाएँ बहुत है।
महज सूरत दिखा जाएँ, बहुत है।

मिलन का कौन सपना देखता है?
तनिक नज़दीक आ जाएँ, बहुत है।

कोई उनसे नहीं कुछ माँगता है,
ज़रा–सा मुस्कुरा जाएँ, बहुत है।

उन्हें कुछ और रुक जाना पड़ेगा,
घटाएँ सिर्फ छा जाएँ, बहुत है।

अमा की रात होगी ही अँधेरी,
सितारे टिमटिमा जाएँ, बहुत है।

अँधेरा था, अँधेरा है, रहेगा,
दिया कोई जला जाएँ, बहुत है।

सुखी होने का लालच एक दुख है,
किसी का दुख मिटा जाएँ, बहुत है।

हमारी जान ही क्या और हम क्या?
किसी के काम आ जाएँ, बहुत है॥

कुछ न बोलूँ, सवाल सब कर लूँ।
तू रहे मौन तुझ से उत्तर लूँ।

कितने दिन बाद तुझको देखा है,
तेरी सूरत निगाह में भर लूँ।

ज़िन्दगी आसमान को छू ले,
तेरे क़दमों पे अपना सर धर लूँ।

जिसमें डूबूँ तो फिर नहीं उभरूँ,
तेरी आँखों का यह समन्दर लूँ।

तुझ पे आए न आँच कोई भी,
सारे इल्ज़ाम अपने ही सर लूँ।

फिर कहीं भी न हाथ फैलाऊँ,
मैं यह सौगंध तेरे दर पर लूँ।

गीत

ठोकरें खाईं, लहू की धार फूटी,
उस लहू से रोशनी ले ज्वार फूटी।
प्रेरणा गत से भविष्यत् पा रहा है...

आँसुओं का उमड़ आया एक सागर,
किन्तु लहरों में नये अभियान का स्वर।
अडिग ध्रवतारा दिशा दिखला रहा है...

रोकना चाहा इसे था दलदलों ने,
और भटकाना इसे चाहा छलों ने,
किन्तु यह रथ है कि बढ़ता जा रहा है...

संकटों से नहीं हमने हार मानी,
आफतों से जूझना आदत पुरानी,
सामना तूफान से होता रहा है...

कभी पहले भी मिला था यह अँधेरा,
फिर उसी की ओर से निकला सवेरा,
सुनो, कोई भैरवी फिर गा रहा है...।

करके याद जिसकी, सह रहे हम आज भी पीड़ा,
शकुनि की चाल थी, लाहौर की वह द्यूत की क्रीड़ा,
अभी तक तू युधिष्ठर ही रहा, तू बड़ा भोला है,
नये दुःशासनों का उस तरफ ईमान डोला है,
धरती फिर हुई पददलित, द्रुपदा के खुले फिर केश।

पड़ोसी है तुम्हारा, किन्तु तुम पर वार करता है,
मिला मारीचि से है, कपट का व्यवहार करता है,
घृणा का वह पुजारी है, उसे पहचानना होगा,
तुम्हें वह जानता है, तुम्हें उसको जानना होगा।
तू है सरलता की मूर्ति, मायावी बड़ा लंकेश,

मेरे देश, प्यारे देश, अब तो बदल अपना वेश ॥

तुम्हारे लिए गीत मैं गा रही हूँ।

नदी दौड़ती है जलधि की दिशा में,
कली ढूँढती है भ्रमर को उषा में,
नदी की लहर से, उषा का किरण से—
तुम्हारा पता पूछती आ रही हूँ

तुम्हारे लिए गीत मैं गा रही हूँ।

अकेला यहाँ हर मुसाफिर सफर में,
जगह ढूढँता है किसी की नज़र में,
नहीं आँखें कोई, न जो स्वप्न देखें—
सपन को सपन के नगर ला रही हूँ

तुम्हारे लिए गीत मैं गा रही हूँ।

जहाँ भी हो तुम मेरी आवाज़ पहुँचे,
छिपा है मेरे दिल में जो राज़ पहुँचे,
लिखी आँसुओं से, कही मौन से जो—
कहानी वही आज दोहरा रही हूँ

तुम्हारे लिए गीत मैं गा रही हूँ...

ये जुल्फें खुली थीं कि तुम इनसे खेलो,
बलाएँ मेरे सर की सर अपने ले लो,
जो उलझन लटों की वहीं जिंदगी की—
सुलझती नहीं, लाख सुलझा रही हूँ

तुम्हारे लिए गीत मैं गा रही हूँ।

हे प्रभो, कर दो कृपा मुझको विनय दे दो।
जो सरल हो, सदय हो, ऐसा हृदय दे दो।

आदमी बहती नदी पर एक बबूला है,
शान में डूबा हुआ है, बहुत फूला है,
मैं तुम्हारे हाथ का टूटा खिलौना हूँ—
जीत लूँ अभिमान अपना, वह विजय दे दो।

क्या यही दुनिया तुम्हारी, यही जीवन है?
आदमी ही आदमी का आज दुश्मन है,
राग तो तब सधे जब अनुराग हो मन में,
खो गए ताल, सुर, लय, अब प्रलय दे दो।

हर तरफ है भीड़, चारों ओर मेला है,
आदमी फिर भी प्रभु कितना अकेला है,
है नहीं कोई पराया, सब तुम्हारे हैं,
एकता में बाँधकर सबको अभय दे दो।

सारा प्यार अभी मत दे दो, कुछ उस दिन के लिए बचा लो,
मेरी हँसी उड़ायेगी जब मेरी ही तस्वीर पुरानी !

जीवन की संध्या में जिस दिन, साथ न देगी अपनी छाया,
पतझर के पत्ते-सी जर्जर, हो जायेगी कंचन काया।
जब मेरी जीवन-धारा, मुड़ जायेगी रेगिस्तानों में,
पीछे छूट कहीं जायेगी, लहरों से खेलती जवानी!

आज जहाँ वासन्ती ऋतु है, कल पतझर आने वाला है,
ऐसा पतझर आ जाने पर, जो न कभी जाने वाला है,
मेरे मनमोहन! असली दिन, रास रचाने के तब होंगे,
जब न रहेगी बीते यौवन के, वसंत की शेष निशानी!

धन्य पुरुष की छलिया भाषा, धन्य-धन्य शब्दों की माया,
ऐसी चंदन-चिता सजा दी, मर-मिटने का जी हो आया,
जहाँ सहारा लिया वृक्ष का, लता पंगु खुद हो जाती है,
घर-घर में हैं विष के प्याले, मीरा की सब ओर कहानी!

चुनौती भरी जिन्दगी की डगर—
पर लगी कौन-सी मुझको ठोकर नहीं है।
मेरे पांव में दिख रही है जो लाली—
लहू है लहू, वह महावर नहीं है।
ये खिलवाड़ किस्मत के, संघर्ष इतने—
कोई भी कहाँ जाएगा इनसे बचकर?
यहाँ दर्द चुनना नहीं अपने बस में—
ये दुनिया का चक्कर स्वयंवर नहीं है।
ये रंगीनियाँ और इनकी नुमाइश—
ये सपने सुहाने महल ताश के हैं।
यहाँ से कहाँ, कब, किसे होगा जाना—
ये वे प्रश्न हैं जिनका उत्तर नहीं है।
मेरी और तेरी उड़ानें अलग हैं—
यही है बहुत साथ ले लें बसेरा।
मुसाफिर हूँ मैं भी, मुसाफिर है तू भी—
मेरा घर नहीं यह तेरा घर नहीं है।
गरीबी से बढ़कर है देखी अमीरी—
फकीरों के हैं राजसी ठाट देखे।
बने एक माटी से हैं सब खिलौने—
खिलौने-खिलौने में अन्तर नहीं है।

दुनिया में बहुत कुछ है, मगर प्यार नहीं है

डर आदमी को आदमी से है, मलाल है,
संसार ही अब हो गया इक अस्पताल है,
हर रोशनी की आँख में छाया है अँधेरा—
वह कौन चिकित्सक है, जो बीमार नहीं है!

सूरज है जबकि हाथ में, चंदा है जेब में,
फिर भी मनुष्य लोभ में, छल में, फरेब में,
हर एक को जीते-जी कोई स्वर्ग चाहिए—
मरने के लिए कोई भी तैयार नहीं है!

पूजा है, प्यार और इब़ादत भी प्यार है,
है त्याग भी बलिदान, शहादत भी प्यार है,
सब फायदे की दौड़ है घाटे की जिंदगी—
कहते हैं जिसे प्यार वह व्यापार नहीं है!

वह मेघ में बिजली-सा चमक उठता कभी है,
वह इन्द्रधनुष बनके झलक उठता कभी है,
है प्यार ही अवतार, मसीहा या पैगम्बर—
इन्सान का इससे बड़ा शृंगार नहीं है!

सुख के आगे-पीछे दुःख है, विष का पहरा है अमृत पर
यह दुनिया भी क्या दुनिया है, यह जीवन भी क्या जीवन है?

बाहर-बाहर भीड़ लगी है, हर चौराहे पर है मेला,
भीतर मन का आँगन सूना, हर मानव हो रहा अकेला,
एक दौड़ सारे प्रतियोगी, सबसे सबका शक्ति मन है।

सबके अपने दावपेंच, सबकी अपनी-अपनी मंजिल है,
कौशल्या है कौन, कौन कैकेयी, कह पाना मुश्किल है,
हम अपने घर में वनवासी, बाहरी कहीं न कोई वन है।

भरी हुई हैं जिनकी जेबें, उनका भी जीवन खाली है
मन की प्यास बुझा पाए जो ऐसी बनी नहीं प्याली है
सबके सब माटी के पुतले नश्वर सारा आयोजन है।

विश्वासों की मृगतृष्णा ने एक तुम्हीं को नहीं छला है,
गला काटने जो भी आया है, पहले वह गले मिला है,
किसका चेहरा असली चेहरा, दुनिया ही मायादर्पण है।

सबकी आँखों में आँसू हैं, पीड़ा बसी हुई हर दिल में,
जीवन-पथ आसान नहीं है, सारा जग ही है मुश्किल में,
ठोकर खाने की लत ऐसी, मन ढूँढें मीठी उलझन है।

जिसको कुछ भी नहीं चाहिए, दुनिया उसको क्या दे देगी?
फूँक दिया जिसने अपना घर, दुनिया उसका क्या ले लेगी?
असली बल है ऊपरवाला, असली पूँजी राम-भजन है।

आज विदा होने से पहले आओ गीत मिलन के गा लें।

हम जिस पर मरते हैं उससे ही असली जीवन मिलता है,
दर्द हवाओं में जब बढ़ता है तब प्रेम-सुमन खिलता है,
खारे आँसू उतने ही सच हैं जितनी मीठी मुस्कानें.......
आओ, आँसू की गंगा में अपनी खुशियों को नहला लें!

सड़कों को काटती हुई सड़कें, चौराहे ही चौराहे
भटकावों से बचें कहाँ तक, कोई कब तक साथ निबाहे,
जाने कौन हवा का झोंका भीतर तक छू जाए मन को,
फिर न कभी कसमें खाएँगे, आओ यही कसम अब खा लें !

प्यार अगर धोखा है, तो भी यह धोखा खाने लायक है,
मन में जो तस्वीर बस गई उस पर मर जाने लायक है,
हमने प्यार किया तो दुनिया समझी हम से भूल हो गई
दुहरा लें फिर सुंदर भूलें, आओ मीठा धोखा खा लें!

सपनों को सच से मिलने का जीवन कब अवसर देता है?
देने वाला एक घूँट देकर फिर प्याला ले लेता है।
राह देखती रहती राधा, लौट नहीं पाता मनमोहन
प्यार मिलन से अधिक विरह है, पागल मन को यह समझा लें!

यह ऐसा सौदा है खुद को खोकर जो पाया जाता है,
दर्द भरा वह गीत जिसे रोते-रोते गाया जाता है,
दिल से दिल की हार हुई जो उस पर सौ-सौ जीत निछावर—
दुनिया जैसे जीत मनाती वैसे ही हम हार मना लें।

तुम्हारे हाथ में पतवार देती हूँ—
मुझे विश्वास कितना दे दिया तुमने!
झुकी फल-फूल से है प्यार की डाली,
किसी की भी न झोली अब रहे खाली,
चली हूँ बाँटने दुख-दर्द दुनिया का—
मुझे उल्लास कितना दे दिया तुमने!

दिशाएँ बंदिनी हैं आज बाँहों में,
सितारों की चमक मेरी निगाहों में,
धरा पर पाँव पड़ते ही नहीं मेरे—
मुझे आकाश कितना दे दिया तुमने!

कहाँ थी, ज़िंदगी काँटों भरे वन में,
खिलाए फूल तुमने राह में मन में,
इसी को याद में पतझर बिता लूँगी—
मुझे मधुमास कितना दे दिया तुमने!

तुम्हारे हाथ में पतवार देती हूँ—
मुझे विश्वास कितना दे दिया तुमने!

मुझको जीवन देने वाले, जीने का कुछ तो सम्बल दो।

कितनी भूखी दौड़ मची है,
प्यासा दीख रहा हर बादल,
सागर के खारे जल के पीछे है
पागल गंगा का जल,
बाहर की मंजिल भीतर मिल जाए,
ऐसा अन्तस्तल दो।

मुझको जीवन देने वाले, जीने का कुछ तो सम्बल दो।

यूँ तो मैं भी जीवन-भर,
आवाहन करती रही सुखों का,
फिर भी टाल नहीं पायी हूँ,
कोई भी अनुरोध दुःखों का,
पीड़ाओं का गोवर्धन देने वाले,
उंगली का बल दो,
मुझको जीवन देने वाले, जीने का कुछ तो सम्बल दो।

मानव-मन को मिला सहारा,
और किसी मानव के मन में,
हाथों में हो हाथ किसी का,
राह बनी है कंटकवन में,
बड़ी खुशी से मैं रो लूँगी,
आँसू को सहृदय आँचल दो।

मुझको जीवन देने वाले, जीने का कुछ तो सम्बल दो।

कागज़ कलम सियाही,
ये सामान नहीं कविता लिखते हैं,
मन गीला करने वाले,
अंगार नहीं बाहर दिखते हैं,
मेरे शब्द अर्थ पा जाएँ,
मीरा-सा कुछ मन घायल दो।
मुझको जीवन देने वाले, जीने का कुछ तो सम्बल दो।

चारों ओर लगा है मेला,
भीड़ों में भी सब एकाकी,
बड़ी हिसाबी है यह दुनिया
हर मुस्कान जोड़ या बाकी,
मेरी नज़र न अब भी बदली,
तुम्हीं ज़रा संसार बदल दो।
मुझको जीवन देने वाले, जीने का कुछ तो सम्बल दो।

मुक्त छन्द

अहल्या, तुम
अगर अभिशप्त होने से तनिक पहले–
स्वयं चट्टान बन जाती,
भविष्यत् की अहिल्याएँ
न गलियों में भटकतीं,
राह कुछ आसान हो जाती!

दिया वरदान भी ऋषि ने,
तुम्हें अभिशाप जैसा ही,
"कभी जब राम आएँगे,
पुरुष की ठोकरों से ही–
मिलेगा चेतना तुमको!"

पुरुष की ठोकरों में ही नियति उसकी!
न कोई अन्य गति उसकी !

प्रलोभन और भय के बीच से
राहें बनाती चल रही है जो
ज़रा-सी भी अगर फिसली–
ज़माना आसमाँ सर पर उठा लेगा
उठाकर धूल-माटी से–
सजाकर पाँव से सर तक
उसे चुपचाप कोठे पर बिठा देगा!

कतारें बाँधकर फिर इन्द्र कितने
चन्द्रमा कितने—
चरण में रोज़ नत होंगे
बिछेंगे फूल उसकी राह में इतने
कि तलवों से लहू की धार फूटेगी!

अहल्या!
तब तुम्हारी राह में तो राम आए भी,
मगर अबकी अहल्या की
समझ में आ गया है यह—
न कोई मुक्तिदाता है,
न उसकी ज़िंदगी में राम आएगा कभी कोई,
न उसकी ज़िंदगी में,
राम आएगा कभी कोई।

यह बताओ–
और कितनी दूर सपनों का नगर है?

जो निरंतर रहा मृगतृष्णा
भला कैसा सफ़र है?
हे चुनावी देवता–
हे राजपुरुषो–
तुम बड़े लीलापुरुष हो–
अवतरित जब से हुए हो–
धूल में हमको मिलाकर बहुत खुश हो !
फूल झरते हैं तुम्हारे भाषणों से–
और अपनी डगर काँटों की डगर है
यह बताओ–और कितनी दूर सपनों का नगर है?

देवता तुम बहुत भोले दीखते हो...
काटकर गर्दन हमारीं–
शस्त्र पर तुम धार देना सीखते हो
मन बहलने से रहा इन योजनाओं के पुलिंदों से
लगा दो आग इनमें–
राख से इनकी कदाचित उग सके मधु-सत्य कोई
जो महल तुमने बनाया कागज़ों पर
हो गया अब खण्डहर है–
यह बताओ–और कितनी दूर सपनों का नगर है?

नालियाँ जल पी गईं सब—
खेत प्यासे रह गए हैं—
नाविकों के बोझ से है नाव डूबी
सब मुसाफिर बह गए हैं
अश्रु ये घड़ियाल के हैं
या तुम्हारी आँख तर है...
यह बताओ—और कितनी दूर सपनों का नगर है?

जिस भगीरथ ने उतारी भूमि पर गंगा
उसे तो गोलियों से भून डाला—
आज भगीरथी तट पर
अनगिनत नकली भगीरथ ताक में हैं—
एक मौका मिले—गंगा बेच डालें
बस चले तो खुद
तिरंगा बेच डालें
तुम किनारा कर रहे घोषित जिसे
वह तो भँवर है—
यह बताओ—और कितनी दूर सपनों का नगर है?

शान्त है सीमान्त—
भीतर की लड़ाई बढ़ गई है
कृष्ण हैं हैरान!
उनके वंश को—
अधिकार मदिरा चढ़ गई है
आ गई है नई पीढ़ी....
ढेर लाशों का—
बनी जिसके लिए है—एक सीढ़ी—
दौर में विज्ञापनों के—
मर गयी अब
माँ...बहन...बेटी....

बची है सिर्फ रमणी–
और वह भी क्या बची है...?
बढ़ गई है चाह अब सिंहासनों की
द्रौपदी को खोज है–दुःशासनों की
ज़हर अब तो कर चुका पूरा असर है–
अब बताओ–और कितनी दूर सपनों का नगर है?

हे महापुरुष, लेखनी और तूलिका तुम्हारे हाथों में—
तुम कलाकार।
तुम चित्रित करते रहे सदा—
उर्वशी, मेनका और अनगिनत रंभाएँ
साधना भंग करना ही जिनका काम रहा
इतना विष तुमको कहाँ मिला
जो इतनी विष-कन्याएँ निर्मित कर डालीं?

नारी-जीवन वह नौका है—
जिसकी अपनी कोई पतवार नहीं होती।
अपनी कोई भी दिशा नहीं—
मरज़ी प्रवाह की उसे जहाँ भी ले जाए
नारी की हस्ती ही क्या है?
युद्धों में जीती गई....
रक्त से माँग भरी
उसकी सत्ता के साथ किया खिलवाड़ सदा—
वह लेन-देन के लिए बनी उपहार कभी,
फिर कभी जुए में हार गए
थोड़ा सम्मानित किया
कलंकित और तिरस्कृत बहुत किया।

हे पुरुषदेव!
कब आएगा वह सत्यवान?
जो क्रूर मरण की बाँहों से

उद्धार कर सके कभी किसी सावित्री की।
सावित्री ने मृत सत्यवान को जीवित क्या कर दिया—
आज हर विधवा अपराधिनी बन गई है जैसे।

पति के मरते ही पत्नी पर होता आया है वज्रपात।
नारी के हाथों नारी की
चूड़ियाँ फोड़ दी
पोंछ दिया सिन्दूर
मिटा डाली बिन्दी
फिर मंगलसूत्र उतार दिया—
मानो उसने खुद ही पति की हत्या की हो

साकार अमंगल और अशुभ बन गई वही—
जो कल तक घर की शोभा थी—
अब उसकी छाया भी विनाशकारिणी बनी।
आजीवन कारावास से दे दिया घर में ही—
उत्सव-विलास से दूर—पड़ी कोने में वह जीवित शव है
यह सब क्या है? यह सब क्यों है?
क्या कभी किसी पत्नी के मरने पर
पति ने कुछ भी त्यागा....कुछ भी छोड़ा?
नारी ही होगी सदा सती—
यहा नर भी कभी सता होगा?

वह चाहे जितनी सफल हुई हो जीवन में—
धन-दौलत से, बलबुद्धि और विद्या से हो सम्पन्न भले,
यदि विधवा है, तो कभी नहीं कहला सकती सौभाग्यवती।

हे पुरुषदेव!
तुमको पुरुषों पर ही न कभी विश्वास रहा।
इसलिए किया नारी पर तुमने अविश्वास।

घर में—राहों में—दफ्तर में—
शोषण जिनका हो रहा
अहल्याएँ वे सब—
गौतम से माँग रहीं पुरुषों की करनी का सारा हिसाब।

द्रौपदियों का अब कहना है—
"जो दुःशासनों का नहीं कर रहे हैं विरोध,
होकर तटस्थ जो देख रहे हैं चीरहरण।
वे भी कुछ-कुछ दुःशासन हैं।"

वे सीताएँ
अपने घर में रहकर भी जो निर्वासित हैं
जिनकी अशोक-वाटिका स्वयं आँगन जिनका
जिनको रावण से नहीं—
राम ने ही भय है।

वे पूछ रहीं समवेत स्वरों में एक प्रश्न—
"पुरुषों की अग्नि-परीक्षा आख़िर कब होगी?
पुरुषों की अग्नि-परीक्षा आख़िर कब होगी?"

सागर-मंथन की कथा
पुरातन है जितनी
उतनी ही है वह चिरनवीन

कहने को तो वह देवों की
असुरों से है संघर्ष-कथा
पर सच पूछो
तो मानव-मन का
यह संग्राम सनातन है।

कितना विराट, कितना व्यापक
मन का नन्हा-सा आँगन है
इसकी सीमा में
देव और दानव दोनों की बस्ती है
दोनों के अपने-अपने महल-अटारी हैं—
अपने-अपने मज़बूत किले

लेकिन मानवता का अपना घर-बार नहीं
इन दोनों के ही आसपास
रह लेती है आकाश-तले

हम कहते हैं जिसको सतयुग
वह सिर्फ कल्पनाओं में था

विष और अमृत का मिलन बिन्दु है मानव-मन
सुर-असुर हृदय में
एक-दूसरे के पड़ोस में रहते हैं
जिस सागर-मंथन का वर्णन है पोथी में
वह सचमुच है—मानस-मंथन।

आ गए कितने बुरे दिन
अपरिचित भय से डरे दिन
सत-असत का भेद
जिनमें खो गया
ये—
सिर-फिरे दिन।

मिल गईं आज़ादियाँ क्या आदमी को
हो गया वह क़ैद सुविधा के वनों में।
प्रश्नचिह्नों से घिरे सम्बन्ध सारे
आवरण की अनगिनत परतें चढ़ी हैं।
हम सुखों की खोज करते थक गए हैं
ढो रहे दुख़ से भरे दिन।

आ गए कितने बुरे दिन
अपरिचित भय से डरे दिन।

छू रहे उपलब्धि की ऊँचाइयाँ हम
सामने हैं टूटकर नभ से गिरे दिन
क्या भला उपयोग इस भौतिक प्रगति का
बोझ से जिसके भरे दिन

आ गए कितने बुरे दिन
अपरिचित भय से डरे दिन।

खो चुके हैं अर्थ मनमोहक विशेषण
इसी को दुर्दिन कहा है
आ गए बादल घिरे दिन!

आ गए कितने बुरे दिन
अपरिचित भय से डरे दिन।

सिर्फ पतझर
और इतना दीर्घ पतझर
हो गए हैं मौन कोकिल।
दूर तक मधुमास की आहट न कोई
खो चुका संसार भोलापन अलौकिक!
क्या न लौटेंगे कभी
वे बावरे, वे साँवरे दिन!

आ गए कितने बुर दिन
अपरिचित भय से डरे दिन।

ऐसे लोग नहीं दिखते अब,
जो विनम्र हों और आत्मसम्मानी भी हों।
एक ओर तो
ठुकरा दें जो सिंहासन को
और दूसरी ओर
सज्जनों की ठोकर में
रहने को जो लालायित हों।
ऐसे लोग नहीं दिखते अब।

आदर्शों में और मूल्यों में
दिलचस्पी नहीं रही अब
सिर्फ़ दाम से काम
आदमी इस सीमा तक पहुँच गया है।

वे महान थे
महिमा-मण्डित होकर भी जो
अपनी महिमा से अजान थे।
आज आदमी का मन उसका बन्दीगृह है।
व्यक्ति व्यक्ति के मन में दीवारों के घेरे
और कैद को व्यक्ति सुरक्षा समझ रहा है।

गर्दन पर मालाओं का इतना दबाव
तब नहीं बढ़ा था
फूलों जैसा उनका जीवन
अर्पित था वन्दित चरणों में।
ऐसे लोग नहीं मिलते अब।

ऐसे लोग नहीं मिलते अब
इक्के-दुक्के अगर कहीं मिल भी जाएँ तो
अपनी आँखों पर विश्वास नहीं होता है।

कितना सीमित क्षितिज
हो गया है मानव का
इससे पहले खुद से खुद का
इतना शोषण कभी नहीं था
भरी जेब के साथ आदमी
इतना निर्धन कभी नहीं था।

एक नई उबड़-खाबड़ अनजान डगर पर
गिरते-पड़ते
बाधाओं से लड़ते-भिड़ते
पग-पग बढ़ते—

हम तो लहूलुहान हो गए
ख़ैर यही है—
फिर भी अभी सफ़र जारी है।

पता नहीं था हमें
हमें था कहाँ पहुँचना
इसीलिए तो जा पहुँचे हम वहाँ
नहीं था जहाँ पहुँचना

मधुऋतु के स्वागत में
हम यह भूल गए
पतझर जारी है।

यूँ तो हम गृहयुद्धों के शौकीन
सदा लड़ते रहते हैं।
लेकिन सीमाओं पर
जब भी संकट आया,
हिमगिरी से सागर तट तक

हम एक हो गए।
अपनी-अपनी ढपली
अपना-अपना राग बजाने वाले
सारे गायक, सारे वादक सुर में आए
मोहन की बाँसुरिया की धुन में
सारे मतभेद खो गए।

ऐसे में ऐसा लगता है—
सचमुच ही भारत महान है
राजनीति घर-घर जारी है।

मुर्दा तो है नहीं
देश केवल अचेत है,
लेकिन गिद्धों की बन आई
देखा-देखी सब के सब अब
टूट पड़े हैं—

भोज चल रहा है सामूहिक
सहकारी लंगर जारी है

कितनी अच्छी बात देखने में आती है
रंगों, वर्णों और जातियों का है भेद
नहीं गिद्धों में—
सबका केवल एक गोत्र है
सब शवभक्षी—।
गिद्ध-गिद्ध हैं भाई-भाई।

बिदा हो गए शत्रु विदेशी
पर अपनों से डर जारी है।
ख़ैर यही है—
फिर भी अभी सफर ज़ारी है—

मधुऋतु के स्वागत में–
हम यह भूल गए
पतझर जारी है–

भोज चल रहा है सामूहिक
सहकारी लंगर जारी है।

बिदा हो गए शत्रु विदेशी
पर अपनों से डर जारी है
ख़ैर यही है–
फिर भी अभी सफर ज़ारी है।

मुक्तक

दुनिया की चहल-पहल में तन्हाइयाँ चुनीं,
घंटों अकेले बैठकर खामोशियाँ सुनीं,
वीरानियों की छाँव में, यादों की रेत पर
सपनों के फूल काढ़े, कई ख्वाहिशें बुनीं।

मालूम तुम्हें है कि सदा साथ रहे हो?
जब भी गए हो दूर, बहुत पास रहे हो।

हालात ने पहुँचा दिया ऐसे मुकाम पर,
अब सामने मेरे कोई मंजिल ही नहीं है।
ऐसी हवा चली कि सभी घाव भर गए,
मुश्किल है ये कि अब कोई मुश्किल ही नहीं है।

बिछाकर राह पर मेरी स्वयं कलियाँ,
कली हर एक खुद ही बीन ली तुमने।
शिकायत कुछ नहीं, कुछ भी नहीं तुमसे,
तुम्हारी चीज़ थी सो छीन ली तुमने।

दाता ऐसी दृष्टि मुझे दे
मरुथल भी मधुवन हो जाए
कण-कण में हों दर्शन तेरे
सारा जग पावन हो जाए,
कृपादृष्टि हो अंतर्यामी,
खुल जाएँ अंतर्वातायन,
तीरथ हो जाए जगजीवन
मंदिर मेरा मन हो जाए।

यह दुनिया एक नुमाइश है खिलौनों की,
महज़ देखो इसे, मत हाथ में ले लो...
अगर दिल पर न काबू रख सको तो भी
खिलौने को खिलौना मानकर खेलो।

दोष दूँ भी तुम्हें तो कितना दूँ?
वक्त के भी सितम नहीं कम हैं,
दर्द सारे नहीं 'तुम्हीं' ने दिये
मेरे अपने भी खुशनुमा ग़म हैं।

सभी को जीवन से है शिकायत,
सभी को जीवन से प्यार भी है।
जो आज अमृत है, कल वही विष,
वो जो है पतझर, बहार भी है।

नहीं है दुःख जिसकी ज़िन्दगी में—
सुखों से बोझिल वो हो गया है,
विकल्प जीवन का कुछ नहीं, यह
गले का फंदा भी, हार भी है।

सही दिशा का पता नहीं है,
किया है हमने विकास इतना,
मिली है भस्मासुरी सफलता,
हमारी मुट्ठी में नाश इतना।

जो एक नन्हा-सा दीप आशा का,
जल रहा था, वो बुझ गया है,
अँधेरा आँखों पे छा गया है,
सभी तरफ है प्रकाश इतना।

□□□